Inhalt

Minimierung des Kreditrisikos mit Asset Backed Securities

Kernthesen

Beitrag

Fallbeispiele

Weiterführende Literatur

Impressum

//
Minimierung des Kreditrisikos mit Asset Backed Securities

G.Dengl

Kernthesen

- Mit dem Instrument der Asset Backed Securities (ABS) ist es möglich, Forderungspositionen zu verbriefen und sie dem externen Markt zur Verfügung zu stellen.
- Damit geht die Forderung und das Risiko des Forderungsausfalls auf den Investor über.
- Vor dem Hintergrund einer steigenden Zahl von Forderungsausfällen, ist dies für Banken und Versicherungen eine willkommene Gelegenheit, ihr eigenes

Kreditrisiko zu transferieren.
- Wie aktuelle Studien zeigen, wird von dieser Möglichkeit intensiv Gebrauch gemacht. Der Markt für strukturierte Finanzierungen entwickelt sich innerhalb Europas und vor allem in Deutschland sehr gut.

Beitrag

Innerhalb der Kategorie des Kreditrisikomanagements hat die Wahl der Asset Allocation die größte Auswirkung auf die Rendite, aber auch auf das damit eingegangene Risiko. Dabei ist zu entscheiden, wie das Portfolio in Liquidität, Obligationen, Aktien und alternative Anlagen aufgeteilt werden soll. Das Ziel ist es, im Zeitablauf möglichst hohe Renditen bei geringen Risiken zu erwirtschaften. Nachdem sich zunächst eher eine passive Anlagepolitik (d. h. Index-Nachbildung in der Erwartung, dass er sich langfristig positiv entwickeln wird) durchgesetzt hatte, gewinnt bei schwachen Kapitalmärkten das aktive Management (bewusste Titelauswahl mit dem Ziel, einen Index mittelfristig zu schlagen) wieder stark an Attraktivität. (12)

Im Einzelnen wird erwartet, dass gerade Asset Backed Securities als Instrument zur Kreditrisikominderung auf Portfolioebene zunehmend an Bedeutung gewinnen werden, und sich damit auch der Trend in Richtung einer "aktiven" Portfoliosteuerung verstärkt.

Was sind Asset Backed Securities (ABS)?

Asset Backed Securities nennt man die Verbriefung von Kreditforderungen. Der Emittent stellt damit seine Forderung, die er gegenüber einem Schuldner hat, dem Markt zur Verfügung. Jeder potentielle Investor, der sich dafür interessiert, übernimmt mit der Forderung aber auch gleichzeitig das Risiko des Forderungsausfalls. Dieses Risiko wird, je nach Bonität des Schuldner, mit einer bestimmten Rendite abgegolten.

Der Markt für Verbriefungen wird generell Structured-Finance-Markt genannt. ABS sind lediglich eine von mehreren Verbriefungen. Andere etablierte Varianten sind:
- Whole-Business-Securitisation (WBS). Verbriefung ganzer Geschäftszweige einschließlich zukünftiger Erträge.
- Collateralised Debt Obligations (CDO).
- Residential-Mortgage-Backed-Securities (RMBS). Verbriefung von Hypotheken auf selbst genutzte

Wohnliegenschaften. Vor allem in England verbreitet.
- Commercial-Mortgage-Backed- Securities (CMBS).
Verbriefung von Hypotheken auf gewerbliche
Immobilien. (6)

ABS-geeignete Vermögenspositionen haben eine durchschnittliche Laufzeit von mehr als einem Jahr und zeichnen sich meist durch gute Bonität aus, so dass das zu erwartende Ausfallrisiko für die verbrieften Finanztitel eher gering ist.

Es gibt sie in zwei Varianten:

1) Fondszertifikatskonzept
2) Anleihekonzept

Beim ersten Konzept kauft ein Fonds die Forderungen an und finanziert sich über die Ausgabe von Fonds-Zertifikaten. Diese ABS-Papiere verbriefen einen bestimmten Prozentanteil am Fonds-Vermögen. Zins- und Tilgungszahlungen an den Fonds werden generell unverändert an die Investoren weitergeleitet, wodurch das Risiko vorzeitiger Tilgung relativ hoch ist. Für den Zertifikatsinhaber entsteht damit die Hauptproblematik durch die in Höhe und Zeitpunkt nicht planbaren Rückzahlungen. Dieser Nachteil wird beim Anleihekonzept durch die Zwischenschaltung bestimmter Finanzinstitutionen, beseitigt, die durch ein so genanntes "Ausschüttungsmanagement" feste

Zins- und Rückzahlungspläne für die ABS-Investoren gestalten. Die somit reduzierte Unsicherheit bewirkt geringere Renditeansprüche der Geldgeber.

Vorteile für den Emittenten

1) Entlastung des bilanziellen Eigenkapitals, weil die Darlehen nicht mehr in den Büchern stehen
2) Erschließung kostengünstiger Finanzquellen für zusätzliche Investitionen
3) Schnelle Liquidisierung der Vermögenswerte und damit Verbesserung der Liquiditätskennzahlen
4) Verbesserung der Risikostruktur, da das Forderungsausfallrisiko abgetreten wurde (eigentlicher Hauptvorteil)

Ein weiterer Vorteil im Vergleich zur Begebung von Obligationen: Aufgrund einer abweichenden Ausschüttungsstruktur sind die laufenden Kosten zwar höher als bei den klassischen Industrieobligationen, die Emissionskosten sind jedoch erheblich niedriger.

Vorteile für die Investoren

ABS werden in der Regel nur von institutionellen, nicht von privaten Investoren gekauft. Sie stellen, sofern es sich um das Anleihekonzept handelt, eine attraktive Alternative zu Unternehmensanleihen dar. Bei vergleichbarem Risiko des Ausfalls (abhängig von der Bonität der Schuldners: Diese wird aber genauso von den Rating-Agenturen erfasst, wie die Bonität des Emittenten) sind die Renditen in der Regel höher als bei der "gewöhnlichen" Unternehmensanleihe. (1)

Fallbeispiele

1) Indus Holding legt ABS-Programm auf
Trotz einer bisher geringen Ausfallquote möchte das MDAX-Unternehmen das Instrument ABS nutzen. Man verspricht sich davon vor allem eine Diversifizierung bei der Fremdkapitalaufnahme. Für Indus hängt die Attraktivität des Instruments ABS vor allem von langen Laufzeiten (ca. 5 Jahre), hohen Forderungsvolumina, sowie guter Schuldnerbonität ab. In der Auslagerung der Kreditrisiken sieht die Indus Holding aber ebenfalls eine Möglichkeit, den Anforderungen von Basel II besser zu entsprechen. (8)

2) BMW nutzt als eine von mehreren Möglichkeiten

ebenfalls ABS
Der bayerischen Automobilbauer macht, wie derzeit fast alle in der Branche, die Erfahrung, dass sich nicht nur mit dem Verkauf von Autos Geld verdienen lässt, sondern auch mit der Vorfinanzierung des Kaufes. Vor allem um derartige Kredite abzusichern werden bei BMW neben anderen Instrumenten auch zunehmend ABS eingesetzt. (13)

3) Banken entfernen Kreditrisiken aus der Bilanz
Das Volumen der Forderungsausfälle für 2001 wird laut einer Studie von Ernst & Young in Deutschland mit 27,2 Mrd. Euro beziffert, für das laufende Jahr werden 46 Mrd. Euro erwartet. (11)
Die Banken reagieren darauf zunehmen mit der Auslagerung dieser Kreditrisiken. Sowohl die Dresdner Bank, die HypoVereinsbank als auch die Bankgesellschaft Berlin platzieren derzeit ASB auf dem Bondmarkt. (1)

Weiterführende Literatur

(1) Banken entlasten Bilanzen Nachrichten
aus FTD Financial Times Deutschland vom 17.12.2002, Seite 22

(2) Das Geschäft mit besicherten Anleihen floriert
aus Frankfurter Allgemeine Zeitung, 19.12.2002, Nr. 295, S. 22

(3) "Europas Verbriefungsmarkt wächst 2003 etwas langsamer" Moody's: 2002 brachte ein Plus von fast einem Drittel
aus Börsen-Zeitung, 21.01.2003, Nummer 13, Seite 4

(4) KfW - Eine Stütze des Verbriefungsmarkts Moody's: 2002 Volumen von 35 Mrd. Euro
aus Börsen-Zeitung, 22.01.2003, Nummer 14, Seite 5

(5) L-Bank greift Mittelstand unter die Arme Betriebsergebnis rückläufig - ABS-Ankauf nimmt zu
aus Börsen-Zeitung, 20.02.2003, Nummer 35, Seite 18

(6) Verbriefungen in Europa im Aufschwung Structured Finance mausert sich in schlechtem Umfeld
aus Neue Zürcher Zeitung, 21.01.2003, Nr. 16, S. 25

(7) Verbriefungen sehr gefragt / Emissionsvolumen in Deutschland hat sich verdoppelt, Süddeutsche Zeitung, 21.01.2003, Ausgabe Deutschland, S. 29
aus Neue Zürcher Zeitung, 21.01.2003, Nr. 16, S. 25

(8) Kullrich, A., Indus Holding legt ABS-Programm auf / Verbreiterte Finanzierungsbasis als Ziel, Börsen-Zeitung, 16.01.2003, Nummer 10, Seite 10
aus Neue Zürcher Zeitung, 21.01.2003, Nr. 16, S. 25

(9) Indus Holding legt ABS-Programm auf Verbreiterte Finanzierungsbasis als Ziel
aus Börsen-Zeitung, 16.01.2003, Nummer 10, Seite 10

(10) Deutsche Banken halten Stresstest stand IWF prüft Stabilität des Finanzsektors "
Bundesbankvorstand Meister kritisiert Rating-Agenturen
aus FTD Financial Times Deutschland vom 12.02.2003, Seite 17

(11) Bleiben englische RMBS auf Erfolgskurs?
aus Börsen-Zeitung, 19.02.2003, Nummer 34, Seite 4

(12) Zahl der Banken schrumpft drastisch Ernst & Young rechnet bis 2005 mit einem Rückgang um 43 Prozent " Stärkste Konsolidierung bei Genossen
aus FTD Financial Times Deutschland vom 03.02.2003, Seite 21

(13) Keine höheren Gewinne ohne höhere Risiken Im Spannungsfeld zwischen aktivem und passivem Asset-Management Von Beat Wittmann *
aus Neue Zürcher Zeitung, 28.01.2003, Nr. 22, S. 65

Impressum

Minimierung des Kreditrisikos mit Asset Backed Securities

Bibliografische Information der deutschen Nationalbibliothek

Die Deutsche Nationalbibliothek verzeichnet diese Publikation in der deutschen Nationalbibliografie; detaillierte bibliografische Daten sind im Internet über http://dnb.d-nb.de abrufbar.

ISBN: 978-3-7379-1150-4

© 2015 GBI-Genios Deutsche Wirtschaftsdatenbank GmbH, Freischützstraße 96, 81927 München, www.genios.de

Alle Rechte vorbehalten. Dieses Werk ist einschließlich aller seiner Teile – z.B. Texte, Tabellen und Grafiken - urheberrechtlich geschützt. Jede Verwertung außerhalb der Grenzen des Urheberrechtsgesetzes bedarf der vorherigen Zustimmung des Verlags. Dies gilt insbesondere auch für auszugsweise Nachdrucke, fotomechanische Vervielfältigungen (Fotokopie/Mikroskopie), Übersetzungen, Auswertungen durch Datenbanken oder ähnliche Einrichtungen und die Einspeicherung und Verarbeitung in elektronischen Systemen.